AF144935

Autobiographischer Roman und Ratgeber

Elisabeth von Ö.-U.

Tschüss

Depression

Was  Ihr hier finden werdet

In Dir selbst Heimat finden

Mein Weg zu meinem inneren Glück

Tagebuch

Chai Latte

Liebe Dich selbst

Wildes Herz

Der Tempel Deiner Seele

Dafür, dass Ihr meine Geschichte verfilmt habt, danke ich Euch aus meinem ganzen Herzen, !!

Es war nicht einfach für mich, Kaiserin zu sein und oft bekam ich schwere Depressionen.

Heute weiß ich jedoch:

Alles, was ich selbst schon ein mal erlebt habe, **kenne** ich, wenn es mir **bewusst** ist.

Meine Erfahrungen – gerade in schwierigen Situationen – kann ich dazu nutzen, um Andere zu verstehen.

Selbst Schwierigkeiten und Hindernisse, wie zum Beispiel eine Depression, werden dadurch zum **Schatz**.

Es ist ein Schatz, den ich in mir trage.

Ein Schatz an Erfahrungen.

Wenn Du magst, kannst Du hier drei Erlebnisse notieren,

die nicht sehr angenehm für Dich waren.

Sie sollten für Dich abgeschlossen sein.

Gehe nicht zu tief in das Gefühl hinein, wenn Du es Dir in

Erinnerung rufst.

Schreibe es einfach auf.

Der Raum dafür ist absichtlich klein gehalten.

So kommst Du nicht zu tief in das unangenehme Gefühl
und kannst es einfach frei von Emotionen aus der Distanz
betrachten.
Es ist besonders gut, wenn das Geschehen länger her ist.
So ist der Schmerz möglicherweise fort.
Nur noch die Erinnerung ist da.

Wenn Du diese Situationen – eine nach der anderen – Dir
anschaust, ohne viele Emotionen aufkommen zu lassen,
kannst Du Dir vielleicht vorstellen, dass andere Menschen
auch in ähnlichen Lebenslagen waren.

Wenn Du Dir vorstellst, eine Freundin oder ein Freund
würde Dir nun von einem Ereignis erzählen, das Deinem
ähnlich ist, kommst Du in die Lage, diese Person besser zu
verstehen.

Du verstehst die Menschen um Dich herum besser, wenn
Dir bewusst ist, dass Du ähnliche Erfahrungen machst, wie
sie.

So kannst Du den Wert Deiner Erfahrungen erkennen.

Auch eben dann, wenn sie für Dich schmerzvoll waren.

Sorge nun besonders gut für Dich, indem Du es Dir gemütlich machst und Du für eine Zeit lang Ruhe hast und weißt, dass man Dich nicht stört.

Vielleicht sitzt Du auf einer gemütlichen Couch oder einem Sofa, wickelst Dich in eine warme Decke ein und bereitest Dir eine leckere Tasse Tee zu.

Nun kannst Du, wenn Du magst, Dir vorstellen, dass Du ein Vogel bist, der Dich selbst bei seinen Emotionen betrachtet.
Wenn Du im Moment in einer innerlich gefassten und stabilen Situation bist, kannst Du Dir die drei Notizen noch einmal genauer anschauen.
Lege nun Deinen Fokus darauf, Dir vorzustellen, Du seist eine gute Freundin oder ein guter Freund von Dir, der Dir vertraut.

Stelle Dir vor, dass sie oder er in eine Situation geraten ist, die Deiner sehr ähnlich ist.

Nun kannst Du spüren, wie ein Gefühl der Wärme Dein Herz durchströmt und Du Mitgefühl für diesen Menschen aufbaust.

Du kannst dieses Mitgefühl auch zu Dir selbst aufbauen.

Das gilt für jede Lebenslage, in der Du Dich befindest und sei sie noch so schwer.

Behandle Dich immer, wie Dein Lieblingsmensch es tun würde.

Gehe mit Dir selbst um, wie eine gute Freundin, ein guter Freund, eine liebende, fürsorgliche Mutter oder ein guter und verständnisvoller Vater für Dich sorgen und sich um Dich bemühen würde.

Du darfst Dich um Dich selbst bemühen.

Du darfst Dir selbst Deine beste Freundin oder Dein bester Freund sein.

Sei so gut zu Dir, wie ein guter Vater oder eine gute Mutter es wäre.

Gehe gut mit Dir selbst um!

Gib Dir selbst Liebe!

Schenke Dir selbst Aufmerksamkeit!

Du darfst Dich so lieben, wie Du bist. Deine Form, Dein Aussehen, Deine Art, all dies, macht Dich aus und ist gut an Dir. Liebe Dich selbst so, wie Du bist!

Das ist Dein wertvollstes Geschenk an Dich!

Nun kannst Du Dir vorstellen, wie die drei Situationen – eine nach der Anderen – einem anderen Menschen helfen, indem Du auch dem anderen Menschen diese bedingungslose Liebe und unvoreingenommene Anteilnahme zuteil werden lässt, die Du vorher Dir selbst geschenkt hast.

Jemanden, der etwas Ähnliches erlebt hat, wie Du, kannst Du nun besser verstehen.

Du hast diese Erfahrung ja auch schon gemacht und bist durch sie hindurch gegangen.

Sie hat Dich weder klein gemacht, noch hat sie Dich zerstört.

Im Gegenteil: Die Erfahrung hat Dich bereichert, gefestigt und gestärkt.

Wenn Du magst, stelle Dir nun – anhand Deiner eben notierten Erlebnisse – vor, wie Du eine Person stützt, die eine ähnliche Erfahrung gemacht hat, wie Du.

Wie möchtest Du es formulieren?

Gib Dir selbst die Zeit, die Worte zu finden, die Du der anderen Person sagen möchtest.

Wenn Du magst, kannst Du die folgenden drei Felder dazu nutzen.

Dabei kannst Du versuchen, konkrete Worte und prägnante Formulierungen zu finden.

Du kannst Dich aber auch Deinen Gefühlen hingeben, wenn sie heilsam und hilfreich sind. Dann nimm ruhig weiteren Raum hinzu.

Mit der Zeit, wenn Du Dich ab und zu und vielleicht immer öfter um Dich selbst bemühst und dies auch schaffst, wenn Du Dich matt, mutlos und wie erschlagen fühlst, dann kannst Du aus Dir selbst heraus eine starke innere Kraft aufbauen. Schenke Dir selbst Zeit!

Gehe gut mit Dir selbst um.
Übe Dich darin.
Mache Dir den guten Umgang mit Dir selbst zu Eigen.

Gib Dir selbst Liebe.
Übe Dich darin.
Mache Dir Deine Selbstliebe zu Eigen.

Schenke Dir selbst Aufmerksamkeit,
Übe Dich darin.
Mache Dir Deine Selbstachtung zu Eigen.

Achte dabei auch auf Deine Mitmenschen, Deine Freunde und die Situation um Dich herum.

So kannst Du allmählich *in Dir selbst Heimat finden!*

Es ist Dein Raum! Nutze ihn!

Es ist Dein Leben!

Gestalte es so, dass es Dir selbst Freude macht!

Nutze Deine Zeit, indem Du Dir selbst Freude bereitest.

Du hast das Recht, glücklich zu sein!

Danke, dass es Dich gibt!

Danke, dass Du da bist!

Du bist einzigartig und trägst einem wunderbaren Schatz in Dir!

Dieser Schatz bist Du selbst!

Du darfst dem Leben auf Deine Weise begegnen.

Und das darf eine Weise sein, die nur Du zustande bringst.

Dabei sind auch Umwege Wege.

Ich will ein bisschen aus dem Nähkästchen plaudern.

Alles bei Hofe war eng, reglementiert und so unkreativ, phantasielos und starr, dass ich heftig darunter litt.

Mein wildes Herz war wie eingeschnürt in einem zu engen Korsett.

Nun musstest Du ja erst mal ein Korsett finden, dass zu eng für mich war.

Der Hof war so eines.

Immer hatte ich geglaubt, ein Kaiser oder eine Kaiserin besitzt alle Macht auf Erden.

Ich hatte mich getäuscht.

Denn die Grenzen, die uns am stärksten beschränken, sind die, welche wir uns selbst auferlegen.

Und die Mauern, die uns am meisten einengen, sind jene, die wir um uns selbst bauen.

Bald erkannte ich, auf meiner Suche nach meiner inneren

Befreiung, dass alles an meiner Schwiegermutter hing, die

von meinem Gatten wohl mehr geliebt wurde, als ich.

Als mir klar wurde, dass Franz niemals mich neben oder

über seine Mutter positionieren würde – wir hatten

deswegen oft heftige Streitigkeiten – blieb mir nur die

Flucht. Ja. Damals empfand ich es so.

Ich zog mit einigen meiner Zofen, die mir mittlerweile zu

Freundinnen geworden waren, nach England.

Eine Zeit lang ritt ich dort und wir sangen bei Jagden

Lieder.

Eines davon fällt mir gerade ein, es hieß:

„We'll hount him down!" und ist ein Lied über eine

Fuchsjagd.

Manchmal nahm ich mir Zeit dort, um zu mir selbst zu

finden.

Was will ich eigentlich von meinem Leben, fragte ich

mich.

Ich machte es so: Ich lockerte mein Korsett und gab mir den Raum, den ich brauchte um durchzuatmen.

In meinem kleinen, schmucken Zimmer genoss ich eine gute Tasse Tee – in England gibt es ja genug davon – und erkannte, dass mich der Hass auf meine Schwiegermutter krank gemacht hatte.

Nicht körperlich krank, denn immerhin behauptete man damals über mich – wohl nicht zu Unrecht – ich sei die beste Reiterin Europas – ich war an meiner Seele erkrankt.

An meinem inneren Empfinden.

Eine Weile schaue ich nach draußen durch das unregelmäßig dicke Glas des kleinen Fensterchens im weiß gestrichenen Rahmen und entdecke die Schneeflocken draußen! Es schneit! Wie herrlich!!

Heute ist der dritte Sonntag im Januar und ich liebe den Schnee so sehr!!

Welch ein herrlicher Tag!!!

Anstatt mir das Leben so zurecht zu legen, wie ich es wollte und das Wesentliche an meinen eigenen Wünschen heraus zu finden, dachte ich nur noch an meine Schwiegermutter und meine Parforce-Jagden, bei denen ich mich gut konzentrieren musste, lenkten mich a bisserl von ihr ab.

Auf diese Art war ich aber nicht frei.

Denn ich war nicht mit meiner ganzen Kraft bei mir selbst.

Die Gedanken an meine Schwiegermutter und die Tatsache, mit meinem Herzen bei ihr zu sein und nicht allein bei mir oder Dingen oder Wesen, die mich erfreuten, zogen mir meine Kraft ab, meine Energie und ich allein hatte es in der Hand, ob ich diesen Empfindungen nach gehen wollte, oder nicht.

So entschied ich mich, mit all meiner Willenskraft, nicht mehr an sie zu denken und nicht mit meinem Herzen stets zu ihr hin zu fühlen.

Und da ich eine gehörige Portion Willenskraft besaß, gelang mir das auch!

Nun – da braucht Ihr nicht zu erschrecken – bin ich tot und schaue aus dem Himmel zu Euch hinab.

Es gibt ein schönes englisches nicht mehr ganz modernes Lied, das heißt: „From a distance" und ist von Bette Midler, written by Julie Gold. Ich liebe es und es stimmt, was da gesungen wird.
Ach, Singen ist überhaupt für das Herz die beste Medizin, am besten laut im Wald und Lachen, Lachen gehört auch dazu!!!

Warum erzähle ich das?

Weil ich von hier oben auch einen ganz anderen Blick auf meine Schwiegermutter habe!

Es ist wahr: Bevor wir geboren werden, verabreden wir uns mit bestimmten Seelen, die uns sehr nahe sind, dass sie uns dabei helfen, Lernaufgaben, die wir uns selbst auferlegen, zu erfüllen.

Ich habe beispielsweise einem Hengst – ich glaube, mich richtig zu erinnern und es war in Ungarn – das Vertrauen zu Menschen wieder gegeben.

Sicher war das Tier ein guter Bekannter aus einem früheren Leben, bestimmt ein Freund! Bukephalos, mein treuer Freund, als ich Alexander war!

Ihm habe ich schon einmal das Vertrauen in sich selbst zurück gegeben.

Damit habe ich selbst auch etwas gelernt: Ich habe mich selbst daran erinnert, **mir selbst zu vertrauen!**

Und den Menschen zu vertrauen!

Auch denen, mit denen ich aktuell zu jener Zeit im Streit lag.

I bin halt nicht nur eine gute Pferdeflüsterin! Und das lange bevor der entsprechende Film raus kam!!

Meine Schwiegermutter war für mich manchmal wie ein alter Drache.

Nun, da wir ja Michael Bully Herbig kennen und seine –

pardon, und die seiner Freundinnen und Freunde –
Neuverfilmung von Augsburgs Puppenkiste und Michael
Endes Jim Knopf und Lukas, wissen wir ja, dass aus diesen
alten Drachen manchmal goldene Drachen der Weisheit
werden.

In Wahrheit nämlich – das erkenne ich von hier oben –
habe ich diese Frau, die Seele dieser Frau, die dann
meine Schwiegermutter wurde, bereits vor meiner Geburt
darum gebeten, mir dabei zu helfen, dass ich erkenne,
dass die höchste Macht zu erlangen nicht auf der Erde
möglich ist beziehungsweise nicht mit irdischen Mitteln.
Nichts Irdisches, nichts Materielles kann mir wahre Macht
und die größte Kraft verleihen, denn die größte Kraft im
Universum ist die Liebe und die ist immateriell!

Wenn ich das erkenne und tief in mir bewahre und lebe,
dann bin ich wirklich frei und in meinem Inneren heil!!!

Aber, Leute, das müsst Ihr ja nicht erst nach Eurem Tod

verstehen, darum erzähle ich es Euch JETZT!!!!

Zu erkennen,

dass ich in der Außenwelt

nie ganz frei sein kann,

dass ich nur in meinem Herzen

frei sein kann, das ist

mein Weg

zu meinem inneren

Glück!

 *Du bist ein Juwel!*

Du bist schöner, makelloser und

reiner, als Du es

Dir vorstellen kannst!

Du darfst loslassen,

weinen,
tief durchatmen
und Dich einfach
darüber freuen!

Weil der Kaffee noch heiß ist,

genieße ich zunächst einmal seinen Duft!!

Was glaubt ihr?

Dass ich nur Tee trinke??

Ich habe sehr viel Kraft und nur vom bloßen Teetrinken
bekommt ihr die nicht.

Tee – wenn er beruhigen soll und richtig zubereitet ist –
verleiht einem Menschen vielleicht Gelassenheit, wenn
der Tee nicht aufputscht.

Kaffee ist auch gut, ist exotischer Herkunft, wie der Tee
und kräftigt mich auf eine andere Weise:

Er ist für mich das mildeste, bekömmlichste und
angenehmste Mittel gegen Depressionen!!

Wenn Du es richtig anstellst, erkennst Du, dass es für Deine Depressionen manchmal Gründe gibt, dann kannst Du die Depression vielleicht sogar handhaben! Beeinflussen!

Manchmal jedoch ist sie bloß da und nervt.

Dann trinke ich einen Kaffee und es geht mit schon besser!

Oft genieße ich ihn schluckweise.

Langsam.

Bewusst.

Mit Bedacht.

Mit Aufmerksamkeit.

Mit Achtsamkeit.

Achtsamkeit ist eine besonders feinfühlige und liebevolle, ganzheitliche Art der Aufmerksamkeit.

Ganzheitlich bedeutet, dass ich etwas als ganzer Mensch tue. Nicht bloß mit dem Verstand oder den Händen. Nein, auch mit meinem Herzen!!

Ich lebe mein Leben aus meinem vollen Herzen heraus!

Für mich ist dies entscheidend!

Ich sage mir:

Ich liebe mich selbst!

Aus meinem Herzen heraus!

Ich erziehe mich selbst dazu, mich von ganzem Herzen zu lieben!

So komme ich in meine innere Kraft.

Die kann mir niemand nehmen!

Es ist meine innere Freiheit, die ich mir im Laufe meines Lebens hart antrainiert habe!

Aber das Leben muss nicht immer hart sein.

Es kann auch mild sein wie ein guter Kaffee!

So! Und weil der hier gerade vor mir steht, genieße ich jetzt erst mal einen Schluck!

Aaaahhhhh!!!

 Natürlich

gelingt es mir auch ohne Genussmittel, aus der
Depression heraus zu kommen.

Das hat nichts damit zu tun, dass ich von adeliger
Abstammung bin, viel Geld habe, schöne Kleider besitze
und gute Verbindungen zur Wiener Hofreitschule.
Es liegt auch nicht am Zirkusreiten, auch wenn dies schon
echt was Feines ist!!

Es liegt schlicht an meinem Tagebuch.

Mein Tagebuch hilf mir, ☺ mich zu konzentrieren.

☺ mir gute Ziele zu setzen.

☺ mir meinen Erfolg zu zeigen

und damit fördert es mein **Selbstvertrauen**!!
Selbstvertrauen ist wichtig immer und überall!!!

Selbstvertrauen und mein Tagebuch sind echt was Feines!!!

In mein Tagebuch notiere ich nur und ausschließlich, was ich mir an dem Tag **GUTES** getan habe.
Deshalb ist auch nicht viel Platz für einen Tag darin. Dies hilft mir, mich

    a) auf das Wesentliche und
    b) ausschließlich auf das Erfolgsorientierte

zu konzentrieren.

Ich denke optimistisch.
Ich denke zielorientiert.
Ich bin mir meines Sieges gewiss.

Das klappt überall: Beim Lernen für die Schule / die Uni, beim Proben für eine Aufführung, eine Tanzdarbietung, beim Referat, einer Klausur oder Klassenarbeit.
Sogar bei einem Date!!!

Und so könnte Dein Tagebuch aussehen:

	GESCHAFFT!!!	ZIELE
Montag	*pünktlich aufgestanden,...*	*Für Englisch lernen!*
Dienstag		
Mittwoch		
Donnerstag		
Freitag		
Samstag		
Sonntag		

... am Wochenende weniger Ziele, dafür mehr **GUTES** für Dich tun!!!

Durch die Zeile für Dinge, die Du bereits geschafft hast, zeigst Du Dir, wie gut Du bist, dass Du Dich selbst organisieren kannst, dass Du Kraft hast und dass Du Dein Leben selbst in der Hand hast!!!

So machst Du Dir selbst Mut für Deinen Tag, den nächsten Tag und Dein eigenes Leben!

Du spürst immer stärker und immer öfter, dass Du selbst es sein kannst, der Dein Schicksal lenkt.

Du spürst immer stärker und immer öfter, dass Du selbst es sein kannst, die Dein Schicksal lenkt.

Dieses Buch ist übrigens für Jungen und Mädchen geschrieben. Bitte seht es mir nach, wenn die Anrede mal gerade nicht so für euch passt. Fühle Dich einfach immer angesprochen!

Wenn Du magst, kannst Du nun den hier eingerahmten Raum für weitere Notizen nutzen und Deine Zeilen mit Lineal und Bleistift selbst eintragen.

Das Lineal sorgt für saubere Linien und bereitet Dir Ordnung.

Durch die äußere Ordnung, die Du Dir selbst mit einem ordentlichen Tagebuch schenkst, verschaffst Du Dir innere Ordnung.

Innere Ordnung ist wichtig für Deine innere Gesundheit.

Äußere Ordnung ermöglicht innere Ordnung.

Innere Ordnung schafft Überblick.

Innere Ordnung schafft Klarheit.

Innere Ordnung schafft Gesundheit.

Innere Ordnung und Gelassenheit bringen Glück!

Überschrift: Z. B.: Was ich mag und gern tue:

Überschrift:_____

Gestalte die Felder in Deinen Farben!!

Fühle Dich frei in Deiner Kreativität!

Nimm Farben, die Dir gefallen und gestalte dieses Buch gern in Deinen Farben und Formen. Nimm ruhig ein Lineal oder einen Zirkel, wenn Du magst und beginne, Dir Deinen Raum selbst zu gestalten! Du kannst das!

Hast Du ein Lieblingsgetränk? Was ist es? Schreibe es auf, wenn Du magst. Das Schreiben macht Dinge bewusst!

_____

Was isst Du gern?

_____

Was ist Deine Lieblingsfarbe?

_____

Wie heißen Deine Freunde?

_____

Hast Du ein Lieblingslied? Wie heißt es?

_____

Gibt es ein Kleidungsstück, das Du gerne trägst?

Wie sieht es aus? Traust Du Dir zu, es hier zu malen?

Mit Bleistift, Kuli oder bunt? Fang einfach an!

Einfach machen! Es gibt kein Richtig oder Falsch! ↓

So.

Gut gemacht!

Nun glaubt aber nicht, dass ihr

direkt und sofort alles erreichen könnt, was ihr wollt. So funktioniert das Leben nicht!

Es gibt einen Bereich des Lebens, den habt ihr in der Hand, das seid ihr selbst und das ist nicht immer euer Körper oder euer Geist, es ist vor allem eure Seele.

Ihr habt die Freiheit, zu entscheiden, ob ihr wütend seid, oder froh.
Ihr könnt wählen, ob ihr hassen wollt oder lieben.

Ihr seid frei, unzufrieden zu sein mit dem, wie das Leben ist oder glücklich!

So funktioniert **Glück** und nicht anders!

Glaubt es mir! Ich weiß es!

Ich bin ein Engel, der Euch von dem kündet, was in Vollkommenheit mündet!

Erst zufrieden so sein, wie es ist. Anschließend könnt Ihr immer noch was ändern.

Aber Eure **Zufriedenheit**, die kann Euch, wenn Ihr die einmal habt, niemand nehmen!!!

Es gab einmal einen Mann, der hieß

Gautama Siddharta.

Auch von ihm können wir etwas lernen.

Er sagte nämlich auch etwas über Zufriedenheit und zwar, dass sie zu vier Eigenschaften gehört, die er die „vier göttlichen Wohnstätten" oder die „vier himmlischen Wohnstätten" nennt.

Er lebte 500 vor Christus in Indien und hat sich nun mal so schwülstig ausgedrückt.

Was er damit meinte, ist: Wenn ein Mensch es fertig bringt, ausschließlich diese vier Gefühle zu empfinden, dann ist er glücklich und dieses Glück kann ihm und ihr dann nichts und niemand auf der Welt nehmen!!

Diese Eigenschaften sind:

Bedingungslose Liebe, Mitgefühl, Mitfreude und Gleichmut.

Gut. Das klingt zu Beginn etwas schwer.

Ist es aber nicht. Ich habe es auch geschafft.

In dem Moment, als mich dieser fremde Mann erstach, das war ein Augenblick, in dem ich innerlich voller Klarheit zu mir sagte:

„Ich habe alles gesagt. Ich habe alles getan. Ich habe alles gefühlt. Ich habe alles erreicht, was ich wollte. Ich bereue nichts!"

Ich war zufrieden mit mir und der Welt. Daher konnte ich leicht Abschied nehmen. Außerdem bin ich ja nun wieder **hier**!!

Also wenn ihr vollkommenes Glück haben wollt,

dann könnt ihr etwas tun, ihr könnt euch selbst ein

Versprechen geben.

Nein, besser sind vier Versprechen:

- Ich bin gut zu mir selbst.
- Ich mag mich so wie ich bin.
- Ich freue mich, wenn ich etwas geschafft

habe.

- Ich bleibe gelassen, wenn mir etwas misslingt.

Gleichmut bedeutet nämlich Gelassenheit.

In England oder heutzutage würden wir sagen:

„cool". Wie ihr seht, habe ich die Formulierung von

Buddhas „Eigenschaften" etwas modernisiert.

Also: Ich bleibe cool – äußerlich und bald auch

innerlich – wenn mal was nicht klappt. Dann gehe

ich freundlich mit mir selbst um. Und ich belohne

mich trotzdem! Macht das doch auch so!!!

Ruhig auch mal mit einem bewusst getrunkenen

Glas Wasser! Das ist köstlich!!!

Für alle Leute, nicht ausschließlich für Diabetiker!

Oder mit einem leckeren Tee – geht auch ohne

Zucker!

Wer mag und sich das erlauben darf, nimmt

schwarzen Kaffee, Kakao, Cappuccino oder das

Getränk, was meine Tochter neulich im Laden

ausgegraben hat:

Chai LATTE!!!

*Ja* zum Leben zu sagen ist

gar nicht so schwer!

Tut es einfach!! Darin liegt die große Kunst!

Egal, wie euer Leben gerade aussieht, wie es sich

anfühlt, ob ihr glaubt, alles wäre verloren oder ob

ihr überzeugt seid, dass ihr echt tief in der Patsche

sitzt!

Ihr kommt da wieder raus und findet einen

anderen Weg!

Bewegt euch wie Wasser! Seid flexibel!!

Ohnehin sind die inneren Ziele

zu erreichen, nicht die äußeren!

Ich habe sogar meine Position als Kaiserin

aufgegeben – und habe weiter gelebt!

Und mein Leben war auch schön, als ich nicht

mehr in Österreich war.

Das Leben geht weiter!

Es ist nur ein nächster Atemzug! Und noch einer!

Und noch einer! Glaubt mir das!

Das Leben ist schön!!!

Unser Leben kann sehr schön sein, wenn wir erkennen, dass es so sehr schön ist, wie es gerade ist! Es wird und ist gut!!

Auch, wenn wir gerade echt in der Patsche sitzen, glaubt mir, ihr kommt da wieder raus!!

Es ist einfach in einen anderen Raum zu gehen und eine Tasse abzuspülen, dann seid ihr schon wieder in einer anderen Energie!

Bringt euch selbst bei, die kleinen Dinge des Lebens zu genießen, die kleinen Augenblicke, die kurzen Momente!

Dann schafft ihr auch die größeren Momente!

Ihr seid stark! Ihr seid stärker, als ihr meint!

Ich glaub an Euch!

Und wer mag und gerade Zeit hat, trinkt sich doch ab und zu mal einen leckeren Tee oder einen Chai Latte! Gönnt Euch mal was **GUTES!!!**

Auch,

wenn Du gerade

mit den Füßen

im Schlamm

steckst,

kannst Du Dich

mit dem

Herzen

in die Lüfte erheben

und los fliegen!!!

Das wichtigste Gebot der zehn Gebote ist:

Liebe Dich selbst!

Unser Moses hat es ja für alle Religionen aufgeschrieben, für die Kinder von Hagar (die manchmal mit Ketura gleichgesetzt wird), für die Kinder von Sarai beziehungsweise Sara.

Alle Kinder Abrams beziehungsweise Abrahams sind Kinder JHWHs und dabei ist es gleich, ob wir ihn JHWH, Gott, Allah oder anders nennen.

(Welcher Gott heißt anders?? – Kleiner Scherz. Ich mache keine Scherze über Gott aber ich glaube, dass wir Gott, Allah, JHWH sehr nahe sind, wenn wir aus einer reinen Freude heraus, die weder Schadenfreude, noch Hohn oder Hochmut ist, lachen.)

Es kann im Leben hilfreich sein, wenn wir ab und zu auch über uns selbst lachen können.
Es ist dann, als ob wir uns selbst in den Arm nehmen und zu uns sagen: Komm, ist gut! Alles ist gut! Alles wird gut! Scherben bringen Glück!!

Dabei sehen Hindernisse aus der Ferne oft bedrohlicher aus, als sie in Wahrheit sind.

Es sind meist **Scheinriesen!**

Wenn wir schon viele Hürden überwunden haben, wenn Du wie ich ein wildes Herz besitzt, das Dich immer wieder fort aus Deiner Mitte zieht, dann gib Dir die Gelegenheit, bei Dir selbst anzukommen, Dir selbst zu begegnen und in Dir selbst Heimat zu finden.

Dieses Monster da drin sieht gar nicht so furchtbar aus!

Ich habe begonnen, mich selbst zu heilen, indem ich meine inneren Dämonen aufgemalt habe.

Später habe ich sogar darüber ein Buch geschrieben.

Wir können unsere inneren Schrecken als Anlass zu eigener Kunst nehmen, wenn wir bereit sind, uns nicht mehr all zu sehr von ihnen erschrecken zu lassen.

Eines meiner Monster ist sehr klein und ist eine kleine Maus, weil meine Mutter mich früher immer so genannt hat.

Ich habe lange gebraucht, zu lernen, dass besonders die kleinen Dinge schön und wertvoll sind!!!

Dann aber habe ich erkannt, dass besonders die kleinen Dinge im Leben erfrischend, erheiternd und beruhigend für mich sind.

Gilt das auch für Euch?
Findet es doch mal heraus!!

Was bist Du bereit, für Deinen

Körper zu tun?

Dein Körper

ist der

Tempel Deiner Seele.

Der Tempel Deiner Seele.

Dies ist ein Raum, um den Du Dich kümmern solltest.

Es ist ein Ort, den Du gut behandeln solltest.

Ein Platz, den Du pflegen und wertschätzen solltest, dem

Du Zeit und Aufmerksamkeit schenken solltest, denn Du

wohnst darin. Dein Körper ist die Wohnung Deiner Seele! ♥

Es ist nicht nötig, Hochleistungssport zu betreiben, auch

wenn einige von uns dies für erstrebenswert halten, aber

um Dich in Deinem Körper wohl zu fühlen, musst Du ihn nur

so annehmen, wie er ist.

Ein sanfter Sport tut natürlich gut.

Wertvoll sind auch asiatische Bewegungsformen wie Chi

Gong, Taichi oder Yoga.

Deine Einstellung zu Deinem Körper ist aber die Grundlage

dafür, ob Du Dich in Deinem Körper wohl fühlst, oder nicht.

Deine Einstellung zu Deinem Körper ist entscheidend, ob

Du Deinen eigenen Körper als Deine ganz persönliche

Heimat empfindest, oder nicht.

Wer seinen, ihren, Körper so liebt, wie er ist, dem oder der

geht es schon bedeutend besser.

Wer sich selbst liebt, wie er oder sie ist, hat es gut.

Erinnere Dich an die vier Versprechen des Gautama Siddharta (von Seite 48):

- ✿ Ich bin gut zu mir selbst.
- ✿ Ich mag mich so wie ich bin.
- ✿ Ich freue mich, wenn ich etwas geschafft habe.
- ✿ Ich bleibe gelassen, wenn mir etwas misslingt.

Liebe Dich selbst, so, wie Du bist.
Ich weiß, das ist eine hohe Kunst.

Deshalb gib Dir Zeit dafür.

Du kannst heute, Du kannst jetzt schon damit beginnen.

In kleinen Schritten.

Schreibe alles auf, was Du an Dir magst, alles, was Du bereits hast oder besitzt, auch Eigenschaften, die Du an Dir liebst, notiere alles, wofür Du dankbar sein magst.

Wenn Du willst, nutze dafür diese Zeilen:

_____

_____

_____

_____

_____

_____

Jetzt hast Du schon sehr viel entdeckt, was

wertvoll und liebenswert an Dir ist!

Das Gefühl, welches Du dabei hast, bewahre Dir gut auf

in Deinem Herzen!

Merke es Dir, spüre genau hinein und lege es dort in

Deinem Herzen ab in Deinem besonderen Speicher für

Gefühle, den wir dort haben!

Gleich, was auch immer passiert, niemand und nichts

kann es Dir nehmen!

Es gehört jetzt für immer DIR!

Du kannst es Dir immer wieder bewusst machen und in Deinem Gefühlsspeicher, Deinem Herzen, hervorholen, wenn Du magst oder wenn Du es brauchst.

Oder – noch besser – bleibe einfach immer in diesem Gefühl Deiner Selbstliebe, so oft es geht!

Zu wissen, dass Du wertvoll bist und ganz besonders liebenswerte Eigenschaften besitzt, das ist das Geheimnis der Selbstliebe!

Erinnere Dich immer daran und glaube an Dich!!

Und wieder möchte ich ein wenig aus meinem

Nähkästchen plaudern.

Ich hoffe, ihr wisst überhaupt, was ein Nähkästchen ist und

was dieser Spruch bedeutet.

Heute gibt es Google. Schaut doch mal nach.

Oder besser ist, ihr fragt eure Mütter oder Großmütter,

Menschen, die vielleicht mit ihren eigenen Händen

genäht haben und die ein Nähkästchen besaßen.

In der modernen Zeit werden uns ja sinnliche Erfahrungen

jeglicher Art aberzogen. Kinder und Jugendliche laufen

nur noch fotografierend durch den Zoo. Eine wirkliche

Kontaktaufnahme mit dem Tier, diesem vermeintlich fremden Gegenüber, ist dabei gar nicht möglich.

Wer selbst in der Grundschule nicht mehr handschriftlich das Schreiben und Lesen lernt, unsere sogenannten Kulturtechniken, dessen Gehirn formt sich nicht so natürlich wie das eines jungen Menschen, der mit den Händen und all seinen Sinnen seine natürliche Umgebung erforscht und sich frei darin bewegt.

Mir war dieses Geschenk in meiner Kindheit und Jugend dann und wann vergönnt.

Und als Kind hat mich eben das sinnliche Erleben, Musizieren, Tanzen, Singen, Nähen, Reiten, Schreiben, Rechnen, Lesen, Gedichte Schreiben, derart geprägt, dass ich selbst darin mich wieder finden und meine Gefühle und Gedanken zum Ausdruck bringen konnte.

Heute sagt man: Ich habe die Kultur- und Handwerkstechniken genutzt, um *mich selbst zu verwirklichen.*

Ich bezweifle, dass eure Fixierung auf Digitalität und digitale Medien zu schenken vermögen, was das Baumhäuser Bauen, das Segeln, Rudern, Schwimmen, das Malen, Zeichnen, Schreiben mit euren eigenen Händen, mit eurem eigenen Körper, mit Kopf, Herz und Hand einem heranwachsenden Menschen an Freiheit und Lebendigkeit zu geben vermag.

Obwohl ich in München geboren wurde und auch als Kind und Jugendliche meist daheim im Herzog – Max – Palais in München aufwuchs und von meinen Hauslehrern ausgebildet wurde und dort in der Stadt lebte und nicht in Possenhofen oder am Starnberger See, war einer meiner typischsten Charakterzüge als junges Mädchen meine sinnenhafte Neugier, in der ich meine Umwelt erforschen und erobern wollte und zwar als ganzer Mensch, ganzheitlich, mit allen Sinnen.

Reformpädagogen des zwanzigsten Jahrhunderts hätten ihre wahre Freude an mir gehabt.

Dass ihr aber heute schon als junge Menschen an

Burnout, Überforderung, Persönlichkeitsstörungen und einem Gefühl der Sinnlosigkeit und der inneren Leere leidet, kann ich sehr gut verstehen.

Die bürgerlichen Kinder und Jugendlichen meiner Zeit hatten kaum Zeit für Depressionen und waren meist damit ausgelastet, ihren Lebenserwerb zu erbringen und den Alltag zu meistern.

Heute, wo in vielen Ländern nahezu alles allezeit verfügbar ist, gibt es mehr Menschen, die an ihrer Seele kranken, als zu meiner Zeit das mit Sicherheit der Fall war.

Warum?

Weil wir uns selbst von unser inneren Natur und einer gewissen inneren Ruhe und Freiheit entfremdet haben. Seit der Industrialisierung funktionierte das Leben der meisten armen Leute nach dem Takt der Maschinen.

Dem ohrenbetäubenden Lärm und der

allgegenwärtigen Gefahr, welche von den unerbittlich arbeitenden Maschinen aus ging, konnten sie nicht ausweichen, es sei denn in ihrem kargen, kurzen Schlaf.

Heute zerstören wir unsere Ruhe freiwillig.

Lärm macht krank und bei der allgegenwärtigen Präsenz von Handys, Smartphones, Videos, Whats – Apps und dergleichen, bekommen wir Angst, wenn es einmal wirklich still für einen Augenblick ist.
Wir hatten damals kein Radio.
Wenn wir Musik hören wollten, hatte mein Vater, der Herzog in Bayern, Hofmusiker engagiert, die bei

Gesellschaften oder zu gewissen Zeiten abends oder zum Kaffee oder Tee aufspielten.

Morgens war es still und vom Palais aus hörte ich das Getrappel der Pferdehufe von Reitern, das waren reiche Personen oder eben Menschen, die geschäftlich zu Pferde unterwegs waren.

Das waren Droschken oder Kutschen, je nach Jahreszeit und Wetterlage, die einzelne Personen oder Personengruppen von einem Ort zum anderen brachten. Postkutschen, Lieferanten und dergleichen.

Die Vögel sangen am Morgen. Das tun sie immer, gleich, welches Wetter ist oder welche Jahreszeit man hat. Natürlich muss es dafür Bäume geben, Sträucher, Nischen in Dächern, Höfen oder in der Natur, in denen die Vögel wohnen und ihre Nester bauen können. Natürliche Nahrung sollte es für die Vögel geben.

Wenn wir uns zuasphaltieren, was ja aktuell ein Wettkampf moderner Städte und Ansiedlungen zu sein scheint, wird es morgens bald keine Vögelgesänge mehr geben.

Aber das macht ja nichts, ihr könnt sie ja auf eure Smartphones aufzeichnen oder auf Youtube anhören.

Nur ob das dann das gleiche ist?

Ich sage immer: Solange ich morgens vom Gesang der Vögel geweckt werde, ist meine Welt noch in Ordnung.

Ja.

Bewusst sage ich: Meine Welt.

Ich bin nämlich als Sisi auf die Welt gekommen, um mir das Dasein als Kaiserin abzugewöhnen. Deshalb habe ich mir meine Mutter Ludovika Wilhelmine, Herzogin in Bayern, die sehr streng war, ausgesucht und später meine Schwiegermutter, Erzherzogin Sophie Friederike, die noch strenger war.

Es ist nach meiner Auffassung so, dass wir uns unsere Eltern aussuchen, um etwas über uns selbst und über das Leben zu lernen.

Ist die Mutter streng, dann haben wir das so gewünscht, um etwas zu lernen.

Unsere Eltern sind in unserem Leben unsere ersten Lehrer.

Sofern wir keine Waisen sind, was wiederum eine selbst geschneiderte Lernaufgabe ist.

Zurück zum Thema Schneidern – ich will ja aus meinem Nähkästchen plaudern!

Also: Als ich an den Hof kam, war alles erschreckend neu, starr und festgefahren für mich.

Als Kaiserin kam ich dort an. Und dieses Leben war unglaublich anstrengend.

Nicht umsonst schrieb ich damals in mein Versbuch, in mein Tagebuch: „Ich bin erwacht in einem Kerker und Fesseln sind an meiner Hand."

Nun möchte ich hier ja Dinge schreiben, die eurer

Erbauung dienen.

Also erkläre ich euch, warum ich dies erwähne.

Die Erklärung lautet so:

Den Kerker habe ich mir selbst gewählt.

Die Fesseln habe ich selbst geschnürt.

Es ist schlicht mein Karma und Karma ist selbst gemacht.

Das Wort Karma ist Sanskrit und hat eine ganz einfache

Bedeutung: Das Gemachte oder noch simpler: machen,

tun.

Bevor wir auf die Welt kommen, schneidern wir uns

unseren eigenen Lebensplan zurecht.

Pädagogen nennen dies den „inneren Lehrplan".

Sie haben zwar noch nicht kapiert, dass dies mit dem

Karma zusammen hängt, aber das wird schon kommen.

Verzeiht mir meine Frechheit, aber das ist halt meine freie

Art zu reden. Es ist schön, frei sprechen zu können und da

ich ja nun nicht mehr bei Hofe bin, genieße ich meine

Sprach- und Handlungsfreiheit und nutze sie!

Also wenn euch mal was ganz heftig auf die Nerven geht,

dann geht in euch und fragt euch selbst:

Was kann ich aus dieser blöden Situation lernen?

Denn dafür sind die blöden Situationen da: Um daraus zu

lernen.

Mir ging es so, dass ich mir das Kaiserinsein nur zu einem

einzigen Zweck auf meinen persönlichen Lehrplan gesetzt

hatte: Ich wollte erkennen, dass dies nicht mein Weg zum

absoluten Glück ist.

Ich sollte einfach bereit sein, NEIN zu sagen!

Ganz simpel!

Nur dazu bin ich Kaiserin geworden, um nein zum Kaiserinsein zu sagen!

Als ich das begriffen hatte – ja, stimmt, so einfach und simpel war es in Wirklichkeit nicht, diese Erkenntnis zu erlangen und dann in die Tat umzusetzen, es war sehr schmerzhaft – da wurde mir mit der Zeit leichter ums Herz und ich hatte meinen inneren Lehrplan erfüllt.

Mein inneres Strickmuster oder meine Schneidervorlage, die ich mir selbst gemacht hatte.

Das bedeutet Karma.

So einfach ist das.

In der Theorie.

Im wahren Leben kommen noch unsere Schmerzen hinzu,

unsere Emotionen und Gefühle, und die sind es oft,

welche eine gute Entscheidung schwer machen.

Es bringt aber auch Farbe in unser Leben.

Gerade unsere Emotionen, Gefühle, selbst Schmerz oder

sogar innere Leere, gestalten unser Leben intensiver!

Alles, was uns nicht passt, kann unser Lehrer sein.

In Indien nennt man dies schlicht Dukkha.

Das ist ganz einfach. Alles, was uns nicht passt. Dieser

Kram ist dazu da, dass wir ihn überwinden.

Es ist unser innerer Lehrplan, unsere To – Do – Liste.

Dabei geht es nicht darum, welchen gesellschaftlichen

Status wir am Ende erworben haben – vielleicht einen

militärischen Rang, eine Doktorwürde oder einen

Professorentitel, das „Von" vor dem Namen, den Adelstitel

oder einen Doktor ehrenhalber, nein.

Es geht um diese inneren Dinge.

Die inneren Angelegenheiten, unser innerer Lehrplan, der geheime Lehrplan, wenn der uns bewusst wird, das ist gut. Wenn wir daran arbeiten, sind wir auf dem richtigen Weg. Mut will ich euch machen und Freude am Leben schenken, die ihr im Grunde nur selbst Euch schenken könnt indem ihr die Steine, die Euch im Wege liegen als Herausforderungen anseht und als Chance, innerlich zu reifen.

In der modernen Psychologie ist hierbei oft die Rede von der sogenannten **„Heldenreise"**!

Ich finde, dies ist eines der spannendsten Dinge in unserem Leben!

Von außen muss das nichts Großes, nichts Weltbewegendes sein, aber was wir in unserem Inneren bewältigen, das sind da oft ganze Berge und Bergmassive!

Darum geht es in Wahrheit auf dieser Welt, das ist meine ganz persönliche Meinung.

Was findet ihr?
Haltet ihr das für möglich??

Und wenn wir dann alle Stationen abgeklappert, alle Hindernisse überwunden, alle Furten und Flüsse überquert, durch alle Seen gewatet, mit allen Wassern gewaschen und durch alle Höllen und alle Himmel gewandelt sind, dann haben wir fürwahr aus den Steinen, die uns in den Weg gelegt werden, etwas Schönes gebaut!!

Liebe Dich selbst so

wie Du bist!

Es stecken wunderbare Dinge in Dir, die Du nur

noch nicht erkannt hast!!

Es stecken wunderbare Dinge in Dir,

die Du nur noch nicht

selbst gesehen hast!

Du kannst mir vertrauen!

Ich lade Dich ein, einzukehren

in einen mystischen Raum,

den niemand betreten kann.

Dieser Ort befindet sich in

Deinem Herzen!

So – nun habe ich

schon viel von mir erzählt

und konnte Dich hoffentlich

auch damit stärken!!

... Deine Sisi!!!

Herstellung und Verlag: BoD – Books on Demand, Norderstedt

ISBN: 9783739248721